Sudoku for Kids Ages 8-12

The Ultimate Sudoku Puzzles Workbook for Kids That Are Educational and Fun!

Puzzle: 1

	3		1					8
8				7			9	6
1	7			9		5		
7				4	9			1
		4		6		9		
9		1	7					5
	4	8		3				7
		5	6			4	8	
	1		2		4	6		

Solution: 1

4	3	9	1	5	6	7	2	8
8	5	2	4	7	3	1	9	6
1	7	6	8	9	2	5	3	4
7	2	3	5	4	9	8	6	1
5	8	4	3	6	1	9	7	2
9	6	1	7	2	8	3	4	5
6	4	8	9	3	5	2	1	7
2	9	5	6	1	7	4	8	3
3	1	7	2	8	4	6	5	9

Puzzle: 2

7			1					3
	9			2		1		7
2	1			4			9	
	5			3	1			9
	2	9	4					1
		8		5			2	
5		7		9				8
4			7		5		3	
		2	3			7	6	

Solution: 2

7	4	5	1	6	9	2	8	3
8	9	6	5	2	3	1	4	7
2	1	3	8	4	7	5	9	6
6	5	4	2	3	1	8	7	9
3	2	9	4	7	8	6	5	1
1	7	8	9	5	6	3	2	4
5	3	7	6	9	2	4	1	8
4	6	1	7	8	5	9	3	2
9	8	2	3	1	4	7	6	5

Puzzle: 3

8			4	9			3	2
				3				
3				7	2		8	5
2		5			6		9	4
	6	1			9		2	8
		9						
	4	3		6				9
5	2		9		3		7	1
		8	2	1			4	

Solution: 3

8	5	7	4	9	1	6	3	2
6	9	2	5	3	8	4	1	7
3	1	4	6	7	2	9	8	5
2	3	5	7	8	6	1	9	4
4	6	1	3	5	9	7	2	8
7	8	9	1	2	4	5	6	3
1	4	3	8	6	7	2	5	9
5	2	6	9	4	3	8	7	1
9	7	8	2	1	5	3	4	6

Puzzle: 4

8		4	3			7		
7	5				1		4	
	3	9			6	5		
6	8				3	4	7	
2		5	4		9	8		
				7				5
3		2	9			6		
	1	7			2	3		
9	6				4		5	

Solution: 4

8	2	4	3	9	5	7	6	1
7	5	6	2	8	1	9	4	3
1	3	9	7	4	6	5	8	2
6	8	1	5	2	3	4	7	9
2	7	5	4	1	9	8	3	6
4	9	3	6	7	8	1	2	5
3	4	2	9	5	7	6	1	8
5	1	7	8	6	2	3	9	4
9	6	8	1	3	4	2	5	7

Puzzle: 5

		5			7	1		9
	9			6		4		
		1	9	4				7
9		6		7				8
	5			9			7	1
		8			1		3	
	6		4		2		1	
		7		3		8	4	
8	4				6	5		

Solution: 5

4	3	5	8	2	7	1	6	9
7	9	2	1	6	3	4	8	5
6	8	1	9	4	5	3	2	7
9	1	6	3	7	4	2	5	8
3	5	4	2	9	8	6	7	1
2	7	8	6	5	1	9	3	4
5	6	9	4	8	2	7	1	3
1	2	7	5	3	9	8	4	6
8	4	3	7	1	6	5	9	2

Puzzle: 6

		7	8	6			5	1
	8			9				
6	4				5	9		
	5	8				4	1	
1		4	3		7			
				8	1		9	7
2	6		1				7	
4								9
		3		7	9	6		4

Solution: 6

9	3	7	8	6	4	2	5	1
5	8	1	2	9	3	7	4	6
6	4	2	7	1	5	9	3	8
7	5	8	9	2	6	4	1	3
1	9	4	3	5	7	8	6	2
3	2	6	4	8	1	5	9	7
2	6	9	1	4	8	3	7	5
4	7	5	6	3	2	1	8	9
8	1	3	5	7	9	6	2	4

Puzzle: 7

8	6		9	5	1	3	4	
				4		2		
	4							8
		4		9	3	5	8	
	1		2	7			3	4
	2	5		6			7	
			5				1	
		7			9			
1		6	3	2		7	5	9

Solution: 7

8	6	2	9	5	1	3	4	7
7	3	1	8	4	6	2	9	5
5	4	9	7	3	2	1	6	8
6	7	4	1	9	3	5	8	2
9	1	8	2	7	5	6	3	4
3	2	5	4	6	8	9	7	1
2	9	3	5	8	7	4	1	6
4	5	7	6	1	9	8	2	3
1	8	6	3	2	4	7	5	9

Puzzle: 8

	1	9	5		2		8	4
4	7		8		3		2	9
	5		3		8			2
8		3				9	1	5
	2	4					6	
	3		2				9	6
1		6	7	3	9			
2	9				4			

Solution: 8

6	1	9	5	7	2	3	8	4
4	7	5	8	1	3	6	2	9
3	8	2	9	4	6	5	7	1
9	5	1	3	6	8	7	4	2
8	6	3	4	2	7	9	1	5
7	2	4	1	9	5	8	6	3
5	3	7	2	8	1	4	9	6
1	4	6	7	3	9	2	5	8
2	9	8	6	5	4	1	3	7

Puzzle: 9

		5	2				8	3
8	3		5	1	9			
	4	2		6				
		3	6	9				2
1	6					3	9	7
2		9					4	
4		7	9	2			3	8
	9	1	4	8			2	5

Solution: 9

9	1	5	2	4	7	6	8	3
8	3	6	5	1	9	2	7	4
7	4	2	3	6	8	9	5	1
5	7	3	6	9	4	8	1	2
1	6	4	8	5	2	3	9	7
2	8	9	7	3	1	5	4	6
4	5	7	9	2	6	1	3	8
3	2	8	1	7	5	4	6	9
6	9	1	4	8	3	7	2	5

Puzzle: 10

6		2	7	1				5
3	7	4	5					
				6			7	
9	2	8					1	
			2					7
7		5		3			9	2
8		1	9				3	
		7	3		1	5	8	
2			8		5	7	6	

Solution: 10

6	8	2	7	1	3	9	4	5
3	7	4	5	8	9	1	2	6
5	1	9	4	6	2	3	7	8
9	2	8	6	5	7	4	1	3
1	3	6	2	9	4	8	5	7
7	4	5	1	3	8	6	9	2
8	5	1	9	7	6	2	3	4
4	6	7	3	2	1	5	8	9
2	9	3	8	4	5	7	6	1

Puzzle: 11

3		6	8	7				
		2	3			6		7
	9		6	2				3
9	5					1		4
	6			5		3		
1			2					5
			5	8		4	9	
	1		4	6				2
4	3			9			8	

Solution: 11

3	4	6	8	7	5	2	1	9
5	8	2	3	1	9	6	4	7
7	9	1	6	2	4	8	5	3
9	5	8	7	3	6	1	2	4
2	6	4	9	5	1	3	7	8
1	7	3	2	4	8	9	6	5
6	2	7	5	8	3	4	9	1
8	1	9	4	6	7	5	3	2
4	3	5	1	9	2	7	8	6

Puzzle: 12

3				1			9	
9	7	6	4	5		2		
	2			9		3		5
				8		1		
	1	2		6	4			
4		5				6	7	
8	3	7		4		5		1
5			2	3		7		
	4				8	9		

Solution: 12

3	5	8	6	1	2	4	9	7
9	7	6	4	5	3	2	1	8
1	2	4	8	9	7	3	6	5
6	9	3	7	8	5	1	4	2
7	1	2	3	6	4	8	5	9
4	8	5	1	2	9	6	7	3
8	3	7	9	4	6	5	2	1
5	6	9	2	3	1	7	8	4
2	4	1	5	7	8	9	3	6

Puzzle: 13

	2	6						
		3		1	9			4
9			6		5	1		3
2		7	5			6	8	9
6	3	8		2		4	5	
	6		3		1		4	
							9	8
3	7			5	4	2		

Solution: 13

1	2	6	4	3	8	9	7	5
7	5	3	2	1	9	8	6	4
9	8	4	6	7	5	1	2	3
2	1	7	5	4	3	6	8	9
4	9	5	1	8	6	7	3	2
6	3	8	9	2	7	4	5	1
8	6	2	3	9	1	5	4	7
5	4	1	7	6	2	3	9	8
3	7	9	8	5	4	2	1	6

Puzzle: 14

6								7
1		7	2		6	5		
		5	4	7	3			
3			5		7	2		9
			8	2	9			1
		2				7		
		9	1		8			3
	5	8			2		7	6
	1	3	7				5	8

Solution: 14

6	2	4	9	1	5	8	3	7
1	3	7	2	8	6	5	9	4
8	9	5	4	7	3	6	1	2
3	8	1	5	4	7	2	6	9
5	7	6	8	2	9	3	4	1
9	4	2	6	3	1	7	8	5
7	6	9	1	5	8	4	2	3
4	5	8	3	9	2	1	7	6
2	1	3	7	6	4	9	5	8

Puzzle: 15

4	8		5	2		9	1	
9	2		8	3			7	4
			7	9	3	6		1
6	9		2				3	
				4			9	2
	6					4	2	
5	1	9				3		8
2			3	8			5	

Solution: 15

4	8	3	5	2	7	9	1	6
1	7	5	9	6	4	2	8	3
9	2	6	8	3	1	5	7	4
8	5	2	7	9	3	6	4	1
6	9	4	2	1	8	7	3	5
7	3	1	6	4	5	8	9	2
3	6	8	1	5	9	4	2	7
5	1	9	4	7	2	3	6	8
2	4	7	3	8	6	1	5	9

Puzzle: 16

7		1	9				5	
3				1		8		
		8	7			6		9
	5			6			4	8
4	8		3			7		
1				2	4		6	
	4		6				9	
	1	9		7		5		
		7	4		9	1		

Solution: 16

7	6	1	9	8	2	4	5	3
3	9	4	5	1	6	8	7	2
5	2	8	7	4	3	6	1	9
9	5	2	1	6	7	3	4	8
4	8	6	3	9	5	7	2	1
1	7	3	8	2	4	9	6	5
8	4	5	6	3	1	2	9	7
6	1	9	2	7	8	5	3	4
2	3	7	4	5	9	1	8	6

Puzzle: 17

	3	5	1		6		8	
4	9		7	2				5
8		7		3	9		6	2
3				9				4
	6	1	2		4		3	9
						7		
		4			5		7	
7	5		3	6			4	8
						5		

Solution: 17

2	3	5	1	4	6	9	8	7
4	9	6	7	2	8	3	1	5
8	1	7	5	3	9	4	6	2
3	7	2	8	9	1	6	5	4
5	6	1	2	7	4	8	3	9
9	4	8	6	5	3	7	2	1
6	8	4	9	1	5	2	7	3
7	5	9	3	6	2	1	4	8
1	2	3	4	8	7	5	9	6

Puzzle: 18

5			4		6		9	
	8	6		7		5		1
		9	8					
1		8				9		7
			5	8		1	4	
7	3			4	1			
	1		6		2	7		
9		7		3			6	4
					4			9

Solution: 18

5	7	1	4	2	6	3	9	8
4	8	6	3	7	9	5	2	1
3	2	9	8	1	5	4	7	6
1	4	8	2	6	3	9	5	7
6	9	2	5	8	7	1	4	3
7	3	5	9	4	1	6	8	2
8	1	4	6	9	2	7	3	5
9	5	7	1	3	8	2	6	4
2	6	3	7	5	4	8	1	9

Puzzle: 19

			8		3	9	1	5
				2	4		6	
8		3		5				2
2		5		1	9		8	4
3		8	4	7			2	9
4			2	9				
9	3	7	1		6			
		2		3			9	6

Solution: 19

7	2	4	8	6	3	9	1	5
5	9	1	7	2	4	8	6	3
8	6	3	9	5	1	7	4	2
6	4	9	3	8	2	5	7	1
2	7	5	6	1	9	3	8	4
3	1	8	4	7	5	6	2	9
4	5	6	2	9	8	1	3	7
9	3	7	1	4	6	2	5	8
1	8	2	5	3	7	4	9	6

Puzzle: 20

5		2	6					
8	4	7			3			6
	9			7		8		3
1			3		7		4	
	2	3				7		
7	6	5			2			1
	1	8					6	7
9		6		1	4			
				3	6		9	8

Solution: 20

5	3	2	6	8	1	9	7	4
8	4	7	2	9	3	5	1	6
6	9	1	4	7	5	8	2	3
1	8	9	3	5	7	6	4	2
4	2	3	1	6	8	7	5	9
7	6	5	9	4	2	3	8	1
3	1	8	5	2	9	4	6	7
9	7	6	8	1	4	2	3	5
2	5	4	7	3	6	1	9	8

Puzzle: 21

	2		4		5		3	7
		4	1	3				6
8		9						
	4	5			2	8	6	3
9	6	8		5		7	2	
						6		2
4			9		1	3		
3	1		5	6			9	

Solution: 21

6	2	1	4	8	5	9	3	7
7	5	4	1	3	9	2	8	6
8	3	9	2	7	6	1	5	4
2	7	3	6	1	8	5	4	9
1	4	5	7	9	2	8	6	3
9	6	8	3	5	4	7	2	1
5	9	7	8	4	3	6	1	2
4	8	6	9	2	1	3	7	5
3	1	2	5	6	7	4	9	8

Puzzle: 22

	8	7		6	3			
	3			2			6	7
	6	2	9					3
			5		9		1	4
		5	6				3	
	2				1			5
	4	6	1					2
	5	8				9	4	
		9	3		4	8		

Solution: 22

5	8	7	4	6	3	1	2	9
9	3	1	8	2	5	4	6	7
4	6	2	9	1	7	5	8	3
6	7	3	5	8	9	2	1	4
1	9	5	6	4	2	7	3	8
8	2	4	7	3	1	6	9	5
7	4	6	1	9	8	3	5	2
3	5	8	2	7	6	9	4	1
2	1	9	3	5	4	8	7	6

Puzzle: 23

							9	
	9		2		8		1	6
	6		9		4	2	5	
6					9		3	4
	3	9	7		1	5		2
1		2	4				8	
3								
9		4	3		2	8		
7	2		8		5	3		

Solution: 23

2	4	1	6	5	3	7	9	8
5	9	3	2	7	8	4	1	6
8	6	7	9	1	4	2	5	3
6	7	8	5	2	9	1	3	4
4	3	9	7	8	1	5	6	2
1	5	2	4	3	6	9	8	7
3	8	5	1	4	7	6	2	9
9	1	4	3	6	2	8	7	5
7	2	6	8	9	5	3	4	1

Puzzle: 24

	2	6						
9			3		1	5		6
		3	4			9	1	
			8	9				
	6			4		1		3
3	7				2	4	5	
2		7	9	8	6			5
6	3	8		5	4		2	

Solution: 24

1	2	6	5	7	9	8	3	4
9	8	4	3	2	1	5	7	6
7	5	3	4	6	8	9	1	2
5	4	1	8	9	3	2	6	7
8	6	2	7	4	5	1	9	3
3	7	9	6	1	2	4	5	8
2	1	7	9	8	6	3	4	5
4	9	5	2	3	7	6	8	1
6	3	8	1	5	4	7	2	9

Puzzle: 25

7				6		5	2	
3	4		2	7			1	
8		5		9	3	4		
	8						4	
4		3	9	5	1		6	8
		2		4				
1			5					
					9	7		
5	9	7	3	2		6		1

Solution: 25

7	1	9	4	6	8	5	2	3
3	4	6	2	7	5	8	1	9
8	2	5	1	9	3	4	7	6
6	8	1	7	3	2	9	4	5
4	7	3	9	5	1	2	6	8
9	5	2	8	4	6	1	3	7
1	6	4	5	8	7	3	9	2
2	3	8	6	1	9	7	5	4
5	9	7	3	2	4	6	8	1

Puzzle: 26

7				2			6	3
	2	4			3	9		
3			7	4			8	
6		5					7	4
		8				5	9	
				3				
							3	
	4			9	7			
2	9		8	6				

Solution: 26

7	5	1	9	2	8	4	6	3
8	2	4	6	1	3	9	5	7
3	6	9	7	4	5	2	8	1
6	1	5	2	8	9	3	7	4
4	3	8	1	7	6	5	9	2
9	7	2	5	3	4	8	1	6
1	8	7	4	5	2	6	3	9
5	4	6	3	9	7	1	2	8
2	9	3	8	6	1	7	4	5

Puzzle: 27

6				9			8	
2		7	1	4	5			6
	5			8	3		7	
9		1						
							5	2
			4	7				
3		8		6		1	2	7
	7		9			6		8
		6	7					3

Solution: 27

6	1	3	2	9	7	4	8	5
2	8	7	1	4	5	9	3	6
4	5	9	6	8	3	2	7	1
9	3	1	8	5	2	7	6	4
7	6	4	3	1	9	8	5	2
8	2	5	4	7	6	3	1	9
3	9	8	5	6	4	1	2	7
5	7	2	9	3	1	6	4	8
1	4	6	7	2	8	5	9	3

Puzzle: 28

	9		2			5		
		6		5				9
5		4	3	6				1
	4		6			3		
3					5		9	
1			9		8		7	6
	7					2		
			5		3			7
6			1	2				

Solution: 28

7	9	3	2	8	1	5	6	4
2	1	6	7	5	4	8	3	9
5	8	4	3	6	9	7	2	1
9	4	7	6	1	2	3	8	5
3	6	8	4	7	5	1	9	2
1	5	2	9	3	8	4	7	6
4	7	1	8	9	6	2	5	3
8	2	9	5	4	3	6	1	7
6	3	5	1	2	7	9	4	8

Puzzle: 29

		8	3			7	5	
6	2		7					
	4	7	6		9			
3			9		6		7	
8	1					2	6	
	7	6					1	
			4			3		
					3		2	
	3				7	4		

Solution: 29

1	9	8	3	4	2	7	5	6
6	2	3	7	5	1	9	4	8
5	4	7	6	8	9	1	3	2
3	5	2	9	1	6	8	7	4
8	1	9	5	7	4	2	6	3
4	7	6	2	3	8	5	1	9
9	6	1	4	2	5	3	8	7
7	8	4	1	9	3	6	2	5
2	3	5	8	6	7	4	9	1

Puzzle: 30

3	5					8		
		2		9	7			
			5	6				
	1	6		8		4		7
9	3		7	4		5		
2		4	1		3		9	8
8						3	2	
						7		4
	2	5		3				

Solution: 30

3	5	7	2	1	4	8	6	9
6	8	2	3	9	7	1	4	5
4	9	1	5	6	8	2	7	3
5	1	6	9	8	2	4	3	7
9	3	8	7	4	6	5	1	2
2	7	4	1	5	3	6	9	8
8	4	9	6	7	5	3	2	1
1	6	3	8	2	9	7	5	4
7	2	5	4	3	1	9	8	6

Puzzle: 31

		6	9	1		7		
3					5			2
	9	7						
4					9			7
	3	1		5			6	
			6	4				
			5	6			2	
6		9		3	2	5	1	
	5	8				3		

Solution: 31

5	2	6	9	1	4	7	8	3
3	1	4	8	7	5	6	9	2
8	9	7	3	2	6	1	4	5
4	6	5	1	8	9	2	3	7
9	3	1	2	5	7	8	6	4
7	8	2	6	4	3	9	5	1
1	7	3	5	6	8	4	2	9
6	4	9	7	3	2	5	1	8
2	5	8	4	9	1	3	7	6

Puzzle: 32

			2		7		9	
	5							3
		2					8	
		4	3		1			9
2	6	8	9	5			7	4
	3		7	6			5	
		1	6	8				
		5					2	
	4							6

Solution: 32

4	8	3	2	5	7	6	9	1
6	5	7	9	1	8	2	4	3
9	1	2	4	3	6	5	8	7
5	7	4	3	2	1	8	6	9
1	2	6	8	9	5	3	7	4
8	3	9	7	6	4	1	5	2
7	9	1	6	8	2	4	3	5
3	6	5	1	4	9	7	2	8
2	4	8	5	7	3	9	1	6

Puzzle: 33

							1	9
				5	2			
7	4							
	7				3		6	
6			1	2	7		8	3
	9		6		8	7		
8		3		7		5		
4	1	5			6		7	2
9				8				6

Solution: 33

5	8	2	7	6	4	3	1	9
1	3	9	8	5	2	6	4	7
7	4	6	3	1	9	2	5	8
2	7	8	5	9	3	4	6	1
6	5	4	1	2	7	9	8	3
3	9	1	6	4	8	7	2	5
8	6	3	2	7	1	5	9	4
4	1	5	9	3	6	8	7	2
9	2	7	4	8	5	1	3	6

Puzzle: 34

		4				7	9	
	2	9					6	8
					3			
5	6			4	7			
8			5		9			
							3	
	7			3	6		2	
4		2	9			3		
	3				8		4	7

Solution: 34

6	5	4	1	8	2	7	9	3
3	2	9	7	5	4	1	6	8
7	1	8	6	9	3	2	5	4
5	6	1	3	4	7	9	8	2
8	4	3	5	2	9	6	7	1
2	9	7	8	6	1	4	3	5
1	7	5	4	3	6	8	2	9
4	8	2	9	7	5	3	1	6
9	3	6	2	1	8	5	4	7

Puzzle: 35

2		8		5			6	
7	6		4	3			2	
9			8		6			
	8					6	5	
5	1		3				4	2
	4	2	5					7
1	7			8				9
					3	4		
					5	1		

Solution: 35

2	3	8	7	5	1	9	6	4
7	6	1	4	3	9	5	2	8
9	5	4	8	2	6	7	1	3
3	8	7	9	4	2	6	5	1
5	1	9	3	6	7	8	4	2
6	4	2	5	1	8	3	9	7
1	7	5	6	8	4	2	3	9
8	2	6	1	9	3	4	7	5
4	9	3	2	7	5	1	8	6

Puzzle: 36

8		6	7	9		3		
	9			5				
		3	4					
3		7	6					2
	2						4	9
	4		5	8				
7								8
4		2			3		9	6
	3						7	

Solution: 36

8	5	6	7	9	1	3	2	4
2	9	4	3	5	8	6	1	7
1	7	3	4	2	6	9	8	5
3	8	7	6	4	9	1	5	2
6	2	5	1	3	7	8	4	9
9	4	1	5	8	2	7	6	3
7	6	9	2	1	5	4	3	8
4	1	2	8	7	3	5	9	6
5	3	8	9	6	4	2	7	1

Puzzle: 37

	1	7		3	6			5
	3		9				6	
	8	4		5				2
4		1					2	
7	6			4				
8								
	5	8	6			9	4	
	4	6	3				1	
		9		1				6

Solution: 37

9	1	7	2	3	6	4	8	5
5	3	2	9	8	4	7	6	1
6	8	4	7	5	1	3	9	2
4	9	1	5	7	3	6	2	8
7	6	5	8	4	2	1	3	9
8	2	3	1	6	9	5	7	4
1	5	8	6	2	7	9	4	3
2	4	6	3	9	5	8	1	7
3	7	9	4	1	8	2	5	6

Puzzle: 38

	7		1	5				
	2		3	8	7			6
				9	6			8
	9	8		7	5		2	
3			9	4		6		
		2	4	6			5	1
5				2	3	4		

Solution: 38

8	7	6	1	5	4	3	9	2
9	2	4	3	8	7	5	1	6
1	5	3	2	9	6	7	4	8
4	9	8	6	7	5	1	2	3
2	6	5	8	3	1	9	7	4
3	1	7	9	4	2	6	8	5
6	4	9	5	1	8	2	3	7
7	3	2	4	6	9	8	5	1
5	8	1	7	2	3	4	6	9

Puzzle: 39

3				6		4		
	6	7		9	8		1	
		9			5		3	
2						7		
			2	1			6	
	7			5	3			
	1		6	3			5	4
	9		5					6
5				2		9		

Solution: 39

3	5	8	1	6	2	4	9	7
4	6	7	3	9	8	5	1	2
1	2	9	7	4	5	6	3	8
2	3	5	9	8	6	7	4	1
9	8	4	2	1	7	3	6	5
6	7	1	4	5	3	2	8	9
7	1	2	6	3	9	8	5	4
8	9	3	5	7	4	1	2	6
5	4	6	8	2	1	9	7	3

Puzzle: 40

8				3		5		
		7			4		8	
1		4		6			2	
			8	1	2		4	
				4				9
7		2						5
2		8	1					
				2		1	5	8
			6				9	

Solution: 40

8	2	6	9	3	1	5	7	4
9	3	7	2	5	4	6	8	1
1	5	4	7	6	8	9	2	3
5	6	9	8	1	2	3	4	7
3	8	1	5	4	7	2	6	9
7	4	2	3	9	6	8	1	5
2	9	8	1	7	5	4	3	6
6	7	3	4	2	9	1	5	8
4	1	5	6	8	3	7	9	2

Puzzle: 41

2		5	3					
	8					3		2
						7	4	
3	9		4		7	5		
1		6	8			4	7	
	2	4		3	1		8	9
		2	9	7				
5	3					8		
			6		5			

Solution: 41

2	7	5	3	1	4	9	6	8
4	8	9	7	5	6	3	1	2
6	1	3	2	9	8	7	4	5
3	9	8	4	6	7	5	2	1
1	5	6	8	2	9	4	7	3
7	2	4	5	3	1	6	8	9
8	6	2	9	7	3	1	5	4
5	3	7	1	4	2	8	9	6
9	4	1	6	8	5	2	3	7

Puzzle: 42

	7	4		8			1	6
		5		4	7	9	3	
9	8		3		1	2		4
				6	5			
			7	9				2
		8				3	5	
				3			2	5
2		3				8		
	4	7						

Solution: 42

3	7	4	2	8	9	5	1	6
1	2	5	6	4	7	9	3	8
9	8	6	3	5	1	2	7	4
7	3	2	8	6	5	4	9	1
4	5	1	7	9	3	6	8	2
6	9	8	4	1	2	3	5	7
8	6	9	1	3	4	7	2	5
2	1	3	5	7	6	8	4	9
5	4	7	9	2	8	1	6	3

Puzzle: 43

9	6				3	7		
			1		8	6	2	
			7	6		1		
7			2		6			
6	9		4	7				
3				8		5	7	
	7		3				4	
4							3	
	3				2			

Solution: 43

9	6	1	5	2	3	7	8	4
5	4	7	1	9	8	6	2	3
2	8	3	7	6	4	1	5	9
7	1	5	2	3	6	4	9	8
6	9	8	4	7	5	3	1	2
3	2	4	9	8	1	5	7	6
8	7	6	3	5	2	9	4	1
4	5	2	6	1	9	8	3	7
1	3	9	8	4	7	2	6	5

Puzzle: 44

	7					2		
			5		3		7	
6			1	2				
1			9		8		6	7
	4		6			3		
3					5			9
	9		2			5		
5		4	3	6			1	
		6		5			9	

Solution: 44

4	7	1	8	9	6	2	3	5
8	2	9	5	4	3	6	7	1
6	3	5	1	2	7	9	8	4
1	5	2	9	3	8	4	6	7
9	4	7	6	1	2	3	5	8
3	6	8	4	7	5	1	2	9
7	9	3	2	8	1	5	4	6
5	8	4	3	6	9	7	1	2
2	1	6	7	5	4	8	9	3

Puzzle: 45

	8					5	6	
	4	2	5					7
5	1		3			4		2
				5			1	
1	7				8			9
				3			4	
9			8	6				
7	6		4		3	2		
2		8			5	6		

Solution: 45

3	8	7	9	2	4	5	6	1
6	4	2	5	8	1	9	3	7
5	1	9	3	7	6	4	8	2
4	9	3	2	5	7	8	1	6
1	7	5	6	4	8	3	2	9
8	2	6	1	3	9	7	4	5
9	5	4	8	6	2	1	7	3
7	6	1	4	9	3	2	5	8
2	3	8	7	1	5	6	9	4

Puzzle: 46

7							8	
		3						7
4	2				3		6	9
		2					9	4
		4	8	5				
3	7			6			2	
8	6		9	7		3		
		9	5					
	3			4				

Solution: 46

7	9	6	1	2	5	4	8	3
5	8	3	6	9	4	2	1	7
4	2	1	7	8	3	5	6	9
6	5	2	3	1	7	8	9	4
9	1	4	8	5	2	7	3	6
3	7	8	4	6	9	1	2	5
8	6	5	9	7	1	3	4	2
2	4	9	5	3	8	6	7	1
1	3	7	2	4	6	9	5	8

Puzzle: 47

	8	5	9		4		6	
	9			6				1
	6	4			1		3	
7		6						4
8								
4	1				2			
	4	8		2				5
		3			6		9	
	7	1		5		6		3

Solution: 47

1	8	5	9	3	4	7	6	2
3	9	7	2	6	5	8	4	1
2	6	4	8	7	1	5	3	9
7	5	6	1	9	3	2	8	4
8	3	2	5	4	7	9	1	6
4	1	9	6	8	2	3	5	7
6	4	8	3	2	9	1	7	5
5	2	3	7	1	6	4	9	8
9	7	1	4	5	8	6	2	3

Puzzle: 48

2				1	4	3		6
	6	1		8				
				2			4	
1						5		
8			5		9			
5	9			4			8	2
		2	7			8		1
		8	2				7	4

Solution: 48

2	8	7	9	1	4	3	5	6
4	6	1	3	8	5	9	2	7
9	3	5	6	2	7	1	4	8
1	7	4	8	3	2	5	6	9
8	2	6	5	7	9	4	1	3
5	9	3	1	4	6	7	8	2
6	4	2	7	5	3	8	9	1
7	1	9	4	6	8	2	3	5
3	5	8	2	9	1	6	7	4

Puzzle: 49

4		2		5		7		
1	5			3		2	4	
8							5	6
6	7			4	3		2	
	2	8			5		6	
	9		6	8				
7	1				8	9		
			3					4
			5					1

Solution: 49

4	6	2	8	5	1	7	9	3
1	5	9	7	3	6	2	4	8
8	3	7	2	9	4	1	5	6
6	7	1	9	4	3	8	2	5
3	2	8	1	7	5	4	6	9
5	9	4	6	8	2	3	1	7
7	1	5	4	6	8	9	3	2
2	8	6	3	1	9	5	7	4
9	4	3	5	2	7	6	8	1

Puzzle: 50

	5						2	7
4	7			5	6	8	1	
6			7	8				
		6			7	5		
							9	1
	9		1	4			8	
		9			1	3		
			8	3				
8				7			4	5

Solution: 50

9	5	8	3	1	4	6	2	7
4	7	2	9	5	6	8	1	3
6	3	1	7	8	2	4	5	9
1	8	6	2	9	7	5	3	4
3	4	7	5	6	8	2	9	1
2	9	5	1	4	3	7	8	6
5	6	9	4	2	1	3	7	8
7	1	4	8	3	5	9	6	2
8	2	3	6	7	9	1	4	5

Puzzle: 51

				9			7	8
	8			5		6		
			4		8	5		
	4							3
9		3		8			1	
		1	5					2
3					6		5	
	7				1			
2		8	7			1		

Solution: 51

4	5	6	1	9	2	3	7	8
1	8	2	3	5	7	6	4	9
7	3	9	4	6	8	5	2	1
5	4	7	2	1	9	8	6	3
9	2	3	6	8	4	7	1	5
8	6	1	5	7	3	4	9	2
3	1	4	8	2	6	9	5	7
6	7	5	9	3	1	2	8	4
2	9	8	7	4	5	1	3	6

Puzzle: 52

		8						
1			7	5	4			
2		7	6					
7		4						1
8						9		3
		1		3		5		
					7	2		4
						8		
			2	6	1			9

Solution: 52

3	5	8	9	1	2	4	6	7
1	6	9	7	5	4	3	2	8
2	4	7	6	8	3	1	9	5
7	3	4	5	2	9	6	8	1
8	2	5	1	7	6	9	4	3
6	9	1	4	3	8	5	7	2
5	1	6	8	9	7	2	3	4
9	7	2	3	4	5	8	1	6
4	8	3	2	6	1	7	5	9

Puzzle: 53

	9		2		3			
1	3		8					
		4		7				8
5			7				4	
				1	6		8	
	8					9		5
			1				5	6
2		3				8		
	1				5	7		

Solution: 53

8	9	5	2	6	3	4	7	1
1	3	7	8	5	4	6	9	2
6	2	4	9	7	1	5	3	8
5	6	2	7	9	8	1	4	3
3	4	9	5	1	6	2	8	7
7	8	1	4	3	2	9	6	5
4	7	8	1	2	9	3	5	6
2	5	3	6	4	7	8	1	9
9	1	6	3	8	5	7	2	4

Puzzle: 54

5	8					9		
		1	7				8	
		9		2	6			
9							4	3
	6	8	2					
7					8	2		
			9			3	2	
	9			7				1
			4		3	5		

Solution: 54

5	8	6	1	3	4	9	7	2
2	3	1	7	5	9	6	8	4
4	7	9	8	2	6	1	3	5
9	5	2	6	1	7	8	4	3
3	6	8	2	4	5	7	1	9
7	1	4	3	9	8	2	5	6
6	4	5	9	8	1	3	2	7
8	9	3	5	7	2	4	6	1
1	2	7	4	6	3	5	9	8

Puzzle: 55

		8		3	9	1		
			4					3
	5			1				2
1			7					
6					3	5		
	7			8	2		1	
		5	8				6	
		9				7		8
8	4						5	

Solution: 55

4	6	8	2	3	9	1	7	5
9	2	1	4	7	5	6	8	3
3	5	7	6	1	8	9	4	2
1	9	3	7	5	6	8	2	4
6	8	2	1	4	3	5	9	7
5	7	4	9	8	2	3	1	6
7	3	5	8	2	1	4	6	9
2	1	9	5	6	4	7	3	8
8	4	6	3	9	7	2	5	1

Puzzle: 56

2		8	7				1	
3					6	5		
	7				1			
9		3		8		1		
	4							3
		1	5					2
	8			5			6	
			4		8		5	
				9		7		8

Solution: 56

2	9	8	7	4	5	3	1	6
3	1	4	8	2	6	5	9	7
6	7	5	9	3	1	8	2	4
9	2	3	6	8	4	1	7	5
5	4	7	2	1	9	6	8	3
8	6	1	5	7	3	9	4	2
1	8	2	3	5	7	4	6	9
7	3	9	4	6	8	2	5	1
4	5	6	1	9	2	7	3	8

Puzzle: 57

2		3			5			
		5	8		4			
	7			1				
1	9		6					2
					7		4	
6				8				5
7			3	4			6	
		2						7
	4		5				2	

Solution: 57

2	8	3	7	6	5	9	1	4
9	1	5	8	3	4	2	7	6
4	7	6	2	1	9	5	3	8
1	9	4	6	5	3	7	8	2
5	3	8	9	2	7	6	4	1
6	2	7	4	8	1	3	9	5
7	5	1	3	4	2	8	6	9
3	6	2	1	9	8	4	5	7
8	4	9	5	7	6	1	2	3

Puzzle: 58

		8			6			3
	2		7			9		4
					2		7	
	6			8			9	
	8		1		9			
9		7		5				
4			8			2		
		2		9		3		5
3							1	

Solution: 58

7	5	8	9	4	6	1	2	3
6	2	3	7	1	8	9	5	4
1	4	9	5	3	2	8	7	6
5	6	1	3	8	7	4	9	2
2	8	4	1	6	9	5	3	7
9	3	7	2	5	4	6	8	1
4	1	5	8	7	3	2	6	9
8	7	2	6	9	1	3	4	5
3	9	6	4	2	5	7	1	8

Puzzle: 59

	7	1						9
				3			8	
9	8			4			1	
			6	7				3
		9	4		8	1		
		6				5		
8		5		1	9	2	6	
	9					8		
			7				9	

Solution: 59

5	7	1	8	2	6	4	3	9
2	6	4	9	3	1	7	8	5
9	8	3	5	4	7	6	1	2
1	5	8	6	7	2	9	4	3
7	3	9	4	5	8	1	2	6
4	2	6	1	9	3	5	7	8
8	4	5	3	1	9	2	6	7
3	9	7	2	6	4	8	5	1
6	1	2	7	8	5	3	9	4

Puzzle: 60

		9				3		
8	1		9		6			
				8	2		5	1
			7			6		4
					9			8
3	4				1	7		
		1			5		6	9
	9				8			
	8	7		9				

Solution: 60

5	2	9	4	1	7	3	8	6
8	1	3	9	5	6	4	7	2
7	6	4	3	8	2	9	5	1
9	5	8	7	2	3	6	1	4
1	7	6	5	4	9	2	3	8
3	4	2	8	6	1	7	9	5
4	3	1	2	7	5	8	6	9
2	9	5	6	3	8	1	4	7
6	8	7	1	9	4	5	2	3

Puzzle: 61

	5			4	8			
					3			
2	8	6		1				
1	4	5						9
							3	
8							4	2
				8	2			1
		7			1		6	
				3			9	7

Solution: 61

7	5	3	2	4	8	9	1	6
4	9	1	6	7	3	5	2	8
2	8	6	5	1	9	4	7	3
1	4	5	3	2	7	6	8	9
6	7	2	8	9	4	1	3	5
8	3	9	1	6	5	7	4	2
9	6	4	7	8	2	3	5	1
3	2	7	9	5	1	8	6	4
5	1	8	4	3	6	2	9	7

Puzzle: 62

	4			7		9		
2			3		5			
		7	2			1	6	
			5		4			7
		4		1			8	
	5	3			8	6		
7						2	5	
	2	6						4

Solution: 62

6	4	5	8	7	1	9	2	3
2	9	1	3	6	5	4	7	8
3	8	7	2	4	9	1	6	5
8	6	2	5	9	4	3	1	7
9	7	4	6	1	3	5	8	2
1	5	3	7	2	8	6	4	9
4	1	8	9	5	2	7	3	6
7	3	9	4	8	6	2	5	1
5	2	6	1	3	7	8	9	4

Puzzle: 63

					8	9		
			9			8	7	
9	6				5		1	
4		6		7				
		7			1	4		3
8					9			
1	5		8		2			
				9	6	1		8
		3					9	

Solution: 63

7	4	1	3	6	8	9	5	2
3	2	5	9	1	4	8	7	6
9	6	8	7	2	5	3	1	4
4	1	6	2	7	3	5	8	9
5	9	7	6	8	1	4	2	3
8	3	2	4	5	9	7	6	1
1	5	9	8	3	2	6	4	7
2	7	4	5	9	6	1	3	8
6	8	3	1	4	7	2	9	5

Puzzle: 64

				7		3		
8		7			9		1	6
	5		6					
	1			5				
				6	3		4	
9	8				7			5
6					5	2		4
			2			9		
		4	7		8			

Solution: 64

1	6	9	5	7	4	3	8	2
8	4	7	3	2	9	5	1	6
3	5	2	6	8	1	4	9	7
4	1	6	8	5	2	7	3	9
2	7	5	9	6	3	8	4	1
9	8	3	4	1	7	6	2	5
6	9	8	1	3	5	2	7	4
7	3	1	2	4	6	9	5	8
5	2	4	7	9	8	1	6	3

Puzzle: 65

5					1	6	9	
8				9				
	9			8	7			
					9			3
2	8					5	1	
6		9	8	1				
9							8	
1			3	4				7
		7					4	6

Solution: 65

5	7	2	4	3	1	6	9	8
8	3	6	2	9	5	4	7	1
4	9	1	6	8	7	2	3	5
7	1	4	5	2	9	8	6	3
2	8	3	7	6	4	5	1	9
6	5	9	8	1	3	7	2	4
9	4	5	1	7	6	3	8	2
1	6	8	3	4	2	9	5	7
3	2	7	9	5	8	1	4	6

Puzzle: 66

5		9		4	3			
	8			7		2		
		7	8					1
		8		9				5
6			3			4		
			4			8	1	
		1		8		6		
	9				1			4
	3						9	8

Solution: 66

5	2	9	1	4	3	7	8	6
1	8	4	9	7	6	2	5	3
3	6	7	8	5	2	9	4	1
4	1	8	2	9	7	3	6	5
6	5	2	3	1	8	4	7	9
9	7	3	4	6	5	8	1	2
2	4	1	5	8	9	6	3	7
8	9	6	7	3	1	5	2	4
7	3	5	6	2	4	1	9	8

Puzzle: 67

1		6					8	
9					2			
		7		5	3	9		
7								6
	1				9			
		5	7	3		1	2	
	4							5
	7	3	8					
		9		1		8		4

Solution: 67

1	5	6	9	4	7	2	8	3
9	3	4	1	8	2	5	6	7
2	8	7	6	5	3	9	4	1
7	9	8	5	2	1	4	3	6
3	1	2	4	6	9	7	5	8
4	6	5	7	3	8	1	2	9
8	4	1	2	7	6	3	9	5
5	7	3	8	9	4	6	1	2
6	2	9	3	1	5	8	7	4

Puzzle: 68

	7						3	
		6	5					
9				8	7	1		6
8		7			4			
		2					9	
5				6			2	4
3	6					4		
	5		1					
7			8	9				5

Solution: 68

4	7	5	6	1	9	8	3	2
1	8	6	5	3	2	9	4	7
9	2	3	4	8	7	1	5	6
8	9	7	2	5	4	6	1	3
6	4	2	3	7	1	5	9	8
5	3	1	9	6	8	7	2	4
3	6	9	7	2	5	4	8	1
2	5	8	1	4	6	3	7	9
7	1	4	8	9	3	2	6	5

Puzzle: 69

2					7			8
	1			8		7		
			3		4	9	5	
4				3			6	
8		1		4				
	5				9	8		
6					8	1		
	8	9						3
	4		1					9

Solution: 69

2	3	5	6	9	7	4	1	8
9	1	4	2	8	5	7	3	6
7	6	8	3	1	4	9	5	2
4	9	7	8	3	1	2	6	5
8	2	1	5	4	6	3	9	7
3	5	6	7	2	9	8	4	1
6	7	3	9	5	8	1	2	4
1	8	9	4	6	2	5	7	3
5	4	2	1	7	3	6	8	9

Puzzle: 70

					8			7
9		3			6			1
8	5					2		
	1	6	3		7		8	4
				6				3
5							6	
	2						3	
	9		6	3			1	
				5	1	6		

Solution: 70

1	6	2	9	4	8	3	5	7
9	7	3	5	2	6	8	4	1
8	5	4	1	7	3	2	9	6
2	1	6	3	9	7	5	8	4
4	8	9	2	6	5	1	7	3
5	3	7	8	1	4	9	6	2
6	2	1	4	8	9	7	3	5
7	9	5	6	3	2	4	1	8
3	4	8	7	5	1	6	2	9

Puzzle: 71

				3	4	1	7	
	1	3	6		8			
6								2
5	3			6				
1					7	6	8	
	6				3			
	9	2			1			5
					6	3		
			5			9		8

Solution: 71

9	8	5	2	3	4	1	7	6
2	1	3	6	7	8	4	5	9
6	4	7	9	1	5	8	3	2
5	3	8	1	6	9	2	4	7
1	2	9	4	5	7	6	8	3
7	6	4	8	2	3	5	9	1
4	9	2	3	8	1	7	6	5
8	5	1	7	9	6	3	2	4
3	7	6	5	4	2	9	1	8

Puzzle: 72

3		5			9		2	
	1					3		
2			8			4		
					5	9	7	
			1	9				8
	9				8			6
	7			2				
9		4	7					2
		3		6			8	

Solution: 72

3	4	5	6	1	9	8	2	7
7	1	8	4	5	2	3	6	9
2	6	9	8	3	7	4	5	1
6	8	1	2	4	5	9	7	3
5	3	7	1	9	6	2	4	8
4	9	2	3	7	8	5	1	6
8	7	6	5	2	3	1	9	4
9	5	4	7	8	1	6	3	2
1	2	3	9	6	4	7	8	5

Puzzle: 73

		2	3	5			9	
	4		2			8		
	3				1			
6					9		8	
	9	7					5	
8						1		9
					7			2
		8		3				6
2			9	4		7		

Solution: 73

7	8	2	3	5	4	6	9	1
1	4	5	2	9	6	8	7	3
9	3	6	7	8	1	4	2	5
6	5	1	4	2	9	3	8	7
3	9	7	6	1	8	2	5	4
8	2	4	5	7	3	1	6	9
4	1	9	8	6	7	5	3	2
5	7	8	1	3	2	9	4	6
2	6	3	9	4	5	7	1	8

Puzzle: 74

		6	2	7				
5	4	7	1					
				8				
								8
6	1	2					9	
	7						4	2
			8				3	9
3				1				5
			7	4			1	

Solution: 74

8	3	6	2	7	4	9	5	1
5	4	7	1	9	6	2	8	3
1	2	9	3	8	5	6	7	4
4	5	3	9	2	7	1	6	8
6	1	2	4	3	8	5	9	7
9	7	8	5	6	1	3	4	2
7	6	1	8	5	2	4	3	9
3	8	4	6	1	9	7	2	5
2	9	5	7	4	3	8	1	6

Puzzle: 75

	6			9	1	2		
8					6	5		
		7						4
4	3				7			6
			2			7		
	5			4				2
		5	3		2			
1				7				
	8	4	5					

Solution: 75

5	6	3	4	9	1	2	7	8
8	4	1	7	2	6	5	3	9
2	9	7	8	3	5	1	6	4
4	3	2	1	5	7	9	8	6
9	1	8	2	6	3	7	4	5
7	5	6	9	4	8	3	1	2
6	7	5	3	8	2	4	9	1
1	2	9	6	7	4	8	5	3
3	8	4	5	1	9	6	2	7

Puzzle: 76

	8	3						1
	7					6		4
		4	5			3		
1		9	8					
5			1	4				
		8		9				2
					9		4	
			2	7		5		6
					8		7	

Solution: 76

6	8	3	4	2	7	9	5	1
2	7	5	9	3	1	6	8	4
9	1	4	5	8	6	3	2	7
1	4	9	8	6	2	7	3	5
5	2	7	1	4	3	8	6	9
3	6	8	7	9	5	4	1	2
7	5	6	3	1	9	2	4	8
8	3	1	2	7	4	5	9	6
4	9	2	6	5	8	1	7	3

Puzzle: 77

			4			5	3	
4			5		9			
								6
		4		8			5	7
	5	3	1				9	
		7					2	
1		5		3				
				2	4	8		
	6							

Solution: 77

7	9	8	4	6	2	5	3	1
4	3	6	5	1	9	7	8	2
5	2	1	8	7	3	9	4	6
9	1	4	2	8	6	3	5	7
2	5	3	1	4	7	6	9	8
6	8	7	3	9	5	1	2	4
1	4	5	7	3	8	2	6	9
3	7	9	6	2	4	8	1	5
8	6	2	9	5	1	4	7	3

Puzzle: 78

5	2	4			9			6
9	6							5
					6			
	4							
	7		2	1	3	6		
			8		4	1		
				8		7	6	
		8					5	9
2			3					

Solution: 78

5	2	4	1	3	9	8	7	6
9	6	1	7	4	8	2	3	5
3	8	7	5	2	6	9	4	1
1	4	2	6	9	7	5	8	3
8	7	5	2	1	3	6	9	4
6	3	9	8	5	4	1	2	7
4	5	3	9	8	1	7	6	2
7	1	8	4	6	2	3	5	9
2	9	6	3	7	5	4	1	8

Puzzle: 79

6				9				
	9					3	8	
		2			3		1	7
1				8				
	6				4			
		7	3			8		
5			9				2	8
	2				5			
				1		7		3

Solution: 79

6	1	3	8	9	7	2	4	5
7	9	5	1	4	2	3	8	6
4	8	2	6	5	3	9	1	7
1	3	4	5	8	9	6	7	2
8	6	9	7	2	4	5	3	1
2	5	7	3	6	1	8	9	4
5	7	1	9	3	6	4	2	8
3	2	8	4	7	5	1	6	9
9	4	6	2	1	8	7	5	3

Puzzle: 80

			7			4		6
			8		3	1		
	5				4			3
7	2					6		5
		8					7	
		9					4	
9					8	2		
	8			1	9			
4	1			5				

Solution: 80

3	9	1	7	2	5	4	8	6
2	4	7	8	6	3	1	5	9
8	5	6	1	9	4	7	2	3
7	2	4	3	8	1	6	9	5
5	6	8	9	4	2	3	7	1
1	3	9	5	7	6	8	4	2
9	7	5	6	3	8	2	1	4
6	8	2	4	1	9	5	3	7
4	1	3	2	5	7	9	6	8

Puzzle: 81

4				8				
	1		3	2	5			
	2							7
		9					6	
			8	9	1		2	
					2	4		
				7			1	3
	9	2			6			
		5						9

Solution: 81

4	6	3	9	8	7	1	5	2
9	1	7	3	2	5	8	4	6
5	2	8	6	1	4	9	3	7
2	8	9	4	5	3	7	6	1
6	7	4	8	9	1	3	2	5
3	5	1	7	6	2	4	9	8
8	4	6	5	7	9	2	1	3
7	9	2	1	3	6	5	8	4
1	3	5	2	4	8	6	7	9

Puzzle: 82

			5		9			8
3						2		
		8	6	7				
							4	
8	4			1				
2	3	1		6			7	
					5	9	6	
	9				6	5	2	4
	6							

Solution: 82

4	2	6	5	3	9	7	1	8
3	5	7	1	4	8	2	9	6
9	1	8	6	7	2	4	5	3
6	7	9	8	5	3	1	4	2
8	4	5	2	1	7	6	3	9
2	3	1	9	6	4	8	7	5
7	8	4	3	2	5	9	6	1
1	9	3	7	8	6	5	2	4
5	6	2	4	9	1	3	8	7

Puzzle: 83

				7				
	3						4	7
7		4	5	3			2	
6							9	
5		9		1	6			
				2				4
			7				5	6
3								
8	5			6	1			9

Solution: 83

2	6	5	1	7	4	9	8	3
9	3	1	6	8	2	5	4	7
7	8	4	5	3	9	6	2	1
6	2	3	8	4	7	1	9	5
5	4	9	3	1	6	2	7	8
1	7	8	9	2	5	3	6	4
4	1	2	7	9	3	8	5	6
3	9	6	4	5	8	7	1	2
8	5	7	2	6	1	4	3	9

Puzzle: 84

				9			4	
			7		2	6		5
				8			7	
		7				4		6
	4				5			3
	3	8				1		
1	9				8			
5			4		1			
	8		9			2		

Solution: 84

7	6	5	1	9	3	8	4	2
8	1	3	7	4	2	6	9	5
4	2	9	5	8	6	3	7	1
2	5	7	3	1	9	4	8	6
9	4	1	8	6	5	7	2	3
6	3	8	2	7	4	1	5	9
1	9	4	6	2	8	5	3	7
5	7	2	4	3	1	9	6	8
3	8	6	9	5	7	2	1	4

Puzzle: 85

	9	8	4		3			
5	1							
				7	8			
						4		7
		2		4	1		6	
			3	6			5	
1	8		5				2	
4		9					7	
						9		8

Solution: 85

7	9	8	4	5	3	6	1	2
5	1	3	9	2	6	7	8	4
2	4	6	1	7	8	5	3	9
6	3	1	2	8	5	4	9	7
9	5	2	7	4	1	8	6	3
8	7	4	3	6	9	2	5	1
1	8	7	5	9	4	3	2	6
4	6	9	8	3	2	1	7	5
3	2	5	6	1	7	9	4	8

Puzzle: 86

		8				5	7	
	2			6	7			1
1						4		
				3		1		
3	6				4		2	
			7			3		9
			4					5
	5	4	9		8			
		2					9	

Solution: 86

6	9	8	3	4	1	5	7	2
4	2	5	8	6	7	9	3	1
1	7	3	5	9	2	4	6	8
5	8	7	2	3	9	1	4	6
3	6	9	1	5	4	8	2	7
2	4	1	7	8	6	3	5	9
9	1	6	4	7	3	2	8	5
7	5	4	9	2	8	6	1	3
8	3	2	6	1	5	7	9	4

Puzzle: 87

	1					6	2	
9	3			7				
								4
					3		8	
	7		8		2		9	
		6			5		1	2
5		2				9		
		9		2	1			
			4					

Solution: 87

7	1	8	5	3	4	6	2	9
9	3	4	2	7	6	1	5	8
6	2	5	1	9	8	7	3	4
2	5	1	9	6	3	4	8	7
4	7	3	8	1	2	5	9	6
8	9	6	7	4	5	3	1	2
5	6	2	3	8	7	9	4	1
3	4	9	6	2	1	8	7	5
1	8	7	4	5	9	2	6	3

Puzzle: 88

	8					3		
	9			7		2		8
	1	2	6			5		
				3	9		7	
		4						
6	2			1				
9			2		5			
			9			1	2	
								4

Solution: 88

4	8	7	1	5	2	3	6	9
5	9	6	3	7	4	2	1	8
3	1	2	6	9	8	5	4	7
1	5	8	4	3	9	6	7	2
7	3	4	5	2	6	8	9	1
6	2	9	8	1	7	4	3	5
9	4	1	2	6	5	7	8	3
8	7	5	9	4	3	1	2	6
2	6	3	7	8	1	9	5	4

Puzzle: 89

		9	8			1		
	3				4			5
				3			9	
	2			7				
9					6			2
		6	1				5	
8	1						2	
	7					3	8	
3				8		7		

Solution: 89

4	5	9	8	6	2	1	3	7
2	3	7	9	1	4	8	6	5
1	6	8	5	3	7	2	9	4
5	2	3	4	7	9	6	1	8
9	8	1	3	5	6	4	7	2
7	4	6	1	2	8	9	5	3
8	1	4	7	9	3	5	2	6
6	7	5	2	4	1	3	8	9
3	9	2	6	8	5	7	4	1

Puzzle: 90

4								
	2	1					9	
			9				2	5
					4			
	7					3		9
			6	2		1		
8		2		9		7		
		5		1	2		6	
		3		8				

Solution: 90

4	5	9	2	6	3	8	7	1
6	2	1	8	7	5	4	9	3
3	8	7	9	4	1	6	2	5
1	9	8	7	3	4	2	5	6
2	7	6	1	5	8	3	4	9
5	3	4	6	2	9	1	8	7
8	1	2	5	9	6	7	3	4
7	4	5	3	1	2	9	6	8
9	6	3	4	8	7	5	1	2

Puzzle: 91

				4	7		3	
		7						
	5	3		2		7		4
				9		6		
6		1				5		9
		2			4			
	7			5	6			
1		6			9	8	5	
						3		

Solution: 91

2	6	8	5	4	7	9	3	1
4	1	7	9	8	3	2	6	5
9	5	3	6	2	1	7	8	4
7	8	4	1	9	5	6	2	3
6	3	1	2	7	8	5	4	9
5	9	2	3	6	4	1	7	8
3	7	9	8	5	6	4	1	2
1	2	6	4	3	9	8	5	7
8	4	5	7	1	2	3	9	6

Puzzle: 92

3			7				2	5
				3		6		1
7					4			
								3
	2	5					9	
			1	8		2		
	4				8	5		7
		6					3	2
9					2			

Solution: 92

3	9	8	7	1	6	4	2	5
4	5	2	8	3	9	6	7	1
7	6	1	5	2	4	3	8	9
8	7	4	2	9	5	1	6	3
1	2	5	6	4	3	7	9	8
6	3	9	1	8	7	2	5	4
2	4	3	9	6	8	5	1	7
5	8	6	4	7	1	9	3	2
9	1	7	3	5	2	8	4	6

Puzzle: 93

	3			6	1			
4			8			5		1
		1			7			
					4			7
			3		2		9	
3		5		7		8		
			6				8	
9	6					2	4	
	4			2				

Solution: 93

5	3	9	2	6	1	4	7	8
4	7	2	8	3	9	5	6	1
6	8	1	4	5	7	9	3	2
8	2	6	5	9	4	3	1	7
7	1	4	3	8	2	6	9	5
3	9	5	1	7	6	8	2	4
2	5	7	6	4	3	1	8	9
9	6	8	7	1	5	2	4	3
1	4	3	9	2	8	7	5	6

Puzzle: 94

	3		7			5		2
				3		1	6	
	7				4			
	9				2			
4					8	7	5	
		6				2		3
			1	8			2	
2		5						9
						3		

Solution: 94

9	3	8	7	1	6	5	4	2
5	4	2	8	3	9	1	6	7
6	7	1	5	2	4	9	3	8
1	9	7	3	5	2	6	8	4
4	2	3	9	6	8	7	5	1
8	5	6	4	7	1	2	9	3
3	6	9	1	8	7	4	2	5
2	1	5	6	4	3	8	7	9
7	8	4	2	9	5	3	1	6

Puzzle: 95

3					4			5
		9	8			1		
				3			9	
	3			8		7		
1	8						2	
7						3	8	
		6	1				5	
2				7				
	9				6			2

Solution: 95

3	2	7	9	1	4	8	6	5
5	4	9	8	6	2	1	3	7
6	1	8	5	3	7	2	9	4
9	3	2	6	8	5	7	4	1
1	8	4	7	9	3	5	2	6
7	6	5	2	4	1	3	8	9
4	7	6	1	2	8	9	5	3
2	5	3	4	7	9	6	1	8
8	9	1	3	5	6	4	7	2

Puzzle: 96

		9			6	5	8	
							1	4
	7			2		9		3
	8	1		5			3	
9	2							
7		3						6
		8		1	4			5
			8	7			9	
			6		3			

Solution: 96

1	3	9	7	4	6	5	8	2
8	6	2	5	3	9	7	1	4
4	7	5	1	2	8	9	6	3
6	8	1	4	5	7	2	3	9
9	2	4	3	6	1	8	5	7
7	5	3	9	8	2	1	4	6
3	9	8	2	1	4	6	7	5
2	4	6	8	7	5	3	9	1
5	1	7	6	9	3	4	2	8

Puzzle: 97

1						8	2	6
		3						
4		8				5		
3			9	7				
		1	6					7
8		2		1				
			4	2			8	
				9		4	1	5
			3					

Solution: 97

1	5	9	7	3	4	8	2	6
7	6	3	2	8	5	9	4	1
4	2	8	1	6	9	5	7	3
3	4	6	9	7	2	1	5	8
5	9	1	6	4	8	2	3	7
8	7	2	5	1	3	6	9	4
6	1	5	4	2	7	3	8	9
2	3	7	8	9	6	4	1	5
9	8	4	3	5	1	7	6	2

Puzzle: 98

	9			2	4			5
		4			7	9		6
					3	5		
5	6			7		8	3	
9				4				
				5				7
6						1		
1		2	7	3		6		

Solution: 98

7	9	6	8	2	4	3	1	5
2	1	3	9	6	5	4	7	8
8	5	4	3	1	7	9	2	6
4	2	7	6	8	3	5	9	1
5	6	1	2	7	9	8	3	4
9	3	8	5	4	1	7	6	2
3	8	9	1	5	6	2	4	7
6	7	5	4	9	2	1	8	3
1	4	2	7	3	8	6	5	9

Puzzle: 99

		8	3		2			
					4		9	
1						4	5	
3	7	4	5					
			1				4	
5				6				
					8	5		
		7						6
9	2	5				3		

Solution: 99

4	9	8	3	5	2	6	1	7
7	5	6	8	1	4	2	9	3
1	3	2	7	9	6	4	5	8
3	7	4	5	2	9	8	6	1
2	6	9	1	8	3	7	4	5
5	8	1	4	6	7	9	3	2
6	1	3	2	4	8	5	7	9
8	4	7	9	3	5	1	2	6
9	2	5	6	7	1	3	8	4

Puzzle: 100

8				3			7	
			4					6
					8	1		
	2	8		9		5		
			5					2
7		3			1			
	1	7	3				2	
					9	6		
3	8							9

Solution: 100

8	9	4	1	3	6	2	7	5
5	3	1	4	7	2	8	9	6
6	7	2	9	5	8	1	4	3
4	2	8	6	9	3	5	1	7
1	6	9	5	4	7	3	8	2
7	5	3	8	2	1	9	6	4
9	1	7	3	6	5	4	2	8
2	4	5	7	8	9	6	3	1
3	8	6	2	1	4	7	5	9

Made in the USA
Middletown, DE
09 December 2019